희한한 나라

프롤로그

　희한하다. 겉으로는 화려한데 안으로는 불안하다. 이대로가 괜찮을까? 지속 가능할까? 정책은 포퓰리즘 경쟁이고, 정치는 거의 실종이다. 국회는 개차반이다. 쇼만 하고 진정성이 보이지 않는다. 말로는 국민을 대표한다지만, 스스로를 위해 스스로를 대표한다.

　높은 관료의 영혼은 실종 상태이다. 책임을 지기보다 출세나 실속을 위해 눈치만 십 단이다. 영리하지만 실력이 있어 보이지 않는다. 한 자리에 지긋이 있지 않고 계속 옮겨 다닌다. 힘은 들지만 먹을 게 많다. 나라보다 부처 이기주의가 심각하다. 정책의 정착보다 구호성 행사가 많다. 예산이 줄줄 샌다.

청와대는 권력 잡는 기술은 있지만, 내공이 없다. 우물 안 개구리 수준이다. 삼류가 권력에 취해 권력의 칼을 멋모르고 휘두른다. 반풍수 집안 망치고 선무당 사람 잡는 격이다. 결과가 뻔한 말도 안 되는 것을 밀어붙인다. 진작 중요한 것은 손도 못 대다가 결국 도루묵이 되고 있다.

지자체는 국제행사, 축제 등 난리다. 넘쳐난다. 행사 자체가 목적인지 시민참여는 적고 흥청망청 분위기이다. 공짜 점심이 없다고 하는데 한국에선 공짜 밥이 넘쳐난다. 없는 사람은 정보도 없고 시간도 없어 못 먹고, 있는 사람이 찾아 먹는다. 부익부 빈익빈이다.

지성의 전당인 대학은 지성이 죽어가고 있다. 성과를 위해서 일류보다 이류, 삼류를 양적으로 쏟아낸다. 사기 치기 힘든 이공계마저 프로젝트의 반 이상이 실현 가능성이 없다. 어물전 망신은 꼴뚜기가 시킨다고 교수 같지 않은 교수가 너무 많다. 그런데도 잘리기는커녕 잘 나가기도 한다.

획일적으로 하면 실력주의가 설 자리가 없다. 정년을 획일적으로 연장하면 젊은이들에게 자리가 없어진다. 명예퇴직을 받으면, 있어야 할 사람이 나간다. 나갈 사람은 안 나가고 해로운 자들이 끝까지 버틴다. 실력 있는 사람은 일복이 터져도 받는 돈은 다르지 않다.

온통 말뚝이다. 비싼 땅에 말뚝 박아 그 땅을 못 쓰게 만든다. 필요 없는 곳에도 오히려 차량 흐름을 방해하고 신경 쓰게 만든다. 흉물스럽다. 헷갈린다. 도로 공화국, 말뚝 공화국, 공사 공화국, CCTV 공화국이다. 규제 말뚝도 대단해 일을 안 하는 게 상책일 정도다.

정치는 편이 갈려 맨날 싸움만 한다. 막말과 막 행동으로 눈살 찌푸리게 한다. 통찰력은커녕 사명감이나 책임감도 없어 보인다. 그래도 나라가 굴러가는 게 희한하다. 나라가 위기에 처하면 책임질 사람은 도망가도 민초들이 나라를 지키는 희한한 나라이다. 민초들이 정치와 나라를 걱정한다.

이 시집은 정치, 경제, 사회, 교육 등 거의 모든 분야에 이 나라가 얼마나 희한한 나라인가를 인식하게 하여 곳곳에 있는 좀비를 척결하고 멋진 나라가 되었으면 하는 바람에서 내게 되었다. 다 함께 선진 문화와 정신, 그에 따른 인식과 인지로 위대한 공동체를 만들어 나가기를 희망한다.

2020. 3. 21. 22:10

차 · 례

◢ 프롤로그_ 2

제1부
코리아

- 시 험   15
- 대통령   16
- 평판보다 감투   17
- 법과 행정   18
- 엘리트   19
- 노동자와 노조   20
- 헬조선   21
- 위압적 명칭   22
- 외 교   23
- 정체성   25
- 코리아   26
- 연 애   28
- 정 당   29
- 선 거   30

제2부
경쟁력

- 경쟁력   35
- 놈과 사람   36
- 교 양   37
- 제 사   38
- 여성권리   39
- 성폭력   40
- 사교육   41
- 평가/감사   42
- 설쳐댐   43
- 외 침   44
- 고문 교육   45
- 부동산   46
- 세 금   47

제3부

공금으로

- 국 방　　　　　　　　　51
- 공과 과　　　　　　　 52
- 어렵게 써야　　　　　　53
- 온통 영어　　　　　　　54
- 나라와 돈　　　　　　　55
- 명절날　　　　　　　　56
- 남의 돈으로　　　　　　58
- 보수와 진보　　　　　　59
- 국가보상　　　　　　　60
- 시골 학교　　　　　　　61
- 공금으로　　　　　　　62
- 시끄러운 민주국가　　　63
- 강 요　　　　　　　　　65

제4부
착하면 안 돼

- 정답 그리고 자기검열   69
- 해 국   70
- 편 가르고 싸우고   71
- 야단법석   73
- 국 회   74
- 인 재   75
- 음악회   76
- 어 대   77
- 용쓰고   78
- 착하면 안 돼   79
- 크면서 왜?   80
- 줄 서면   81
- 을   82

제5부

야만 시대

- 밑에서는   85
- 위에서는   86
- 건배사   87
- 혼 자   88
- 말과 글   89
- 춤과 수작   90
- 마구잡이 주사   91
- 목매는   92
- 일   93
- 공무원   94
- 알맹이보다 껍데기   95
- 위장전입과 병역기피   96
- 야만 시대   97

제6부
〈바르게 살자〉

- 〈바르게 살자〉 101
- 폭 력 102
- 친일과 부일 103
- 공부와 실력 104
- 위 선 105
- 괘씸죄 106
- 완 장 107
- 아전인수 자본주의 109
- 제멋대로 자유 111
- 엉터리 112
- 목소리 113
- 시 114
- 천 재 116

제7부
우물 안 개구리

- 우물 안 개구리   119
- 잔머리   121
- 쥐뿔 개뿔   122
- 아무렴 그렇고말고 4   123
- 아무렴 그렇고말고 3   125
- 아무렴 그렇고말고 2   127
- 아무렴 그렇고말고 1   129
- 어느 최고   131
- 네트워크와 자본주의   132
- 속 물   133
- 어떤 나라   135
- 유구한 나라   137
- 망하지 않는 나라   138

에필로그_ 140

제1부
코리아

희한한 나라 92

- 시 험

부적격자를 걸러내어
다수에게 기회를 제공하기보다
치열한 경쟁 속에
대다수를 떨어뜨리는 나라

인성이 모자라도
시험만 통과하면
그다지 애쓰지 않아도
인생이 탄탄해지는 나라

실력을 점검해 보는
하나의 수단이 아니라
그 자체가 목적이 되고
실력보다 시험을 믿는 나라

실력을 쌓기보다
시험에 목매다 보니
인생에 도움이 되기보다
폐인마저 되어버리는 나라

2020. 4. 18. 15:20

희한한 나라 91

― 대통령

산업화와 민주화에 성공한
자랑스러운 대한민국인데
건국 대통령이 없는 나라

대한민국의 역사에 대해
대통령의 공과에 대해
첨예하게 대립하는 나라

나라를 확실하게 끌어갈
강한 대통령을 원하면서
강하면 반발하는 나라

나름 최선을 다했겠지만
역대 대통령이 모두
불행하게 된 나라

2020. 4. 9. 17:50

희한한 나라 90

– 평판보다 감투

평판보다 감투에
꼬빡 죽는 나라

평소의 인품보다
자리가 빛나는 나라

바른 소리보다
아부가 통하는 나라

주면 좋아하면서
자존심은 센 나라

연줄이 있으면
평판에 눈감는 나라

✎ 2020. 4. 9. 17:30

희한한 나라 89

- 법과 행정

법 앞에 평등이 아니라
돈 앞에 불평등한 나라

약자의 편에 서기보다
강자의 이익을 지키는 나라

보호를 목적으로 하기보다
처벌을 목적으로 하는 나라

정의를 외치면서
가슴 칠 불의가 넘치는 나라

힘없으면 당하기 쉽고
힘 있으면 횡포 부리는 나라

행정이 되게 하기보다
안 된다고 발목 잡는 나라

행정이 서비스가 아니라
간섭하고 통제하려는 나라

2020. 4. 9. 17:10

희한한 나라 88

  - 엘리트

엘리트가
혁신하지 않고
안주하려는 나라

젊은이가
도전하지 않고
시험 보려는 나라

가진 자가
봉사하기보다
부동산에 투자하는 나라

연구는 밑에서 하고
상은 대표가 받는 나라

현장에서 뛰어다니기보다
관리자가 되려는 나라

부가가치를 창출하기보다
뜯는 게 더 좋은 나라

✎ 2020. 4. 9. 16:40

희한한 나라 87

― 노동자와 노조

위험한 일일수록
해고가 쉬울수록
생산성이 높을수록
보상이 낮은 나라

동일 노동에 대해
비정규직은 정규직의 반
알바는 비정규직의 반
보상을 받는 나라

노조가 회사에서 돈 받고
스스로 기득권이 되어
약자를 내팽개치고
결탁도 하는 나라

높으면 부리면서 많이 받고
낮으면 일하면서 적게 받고
사람대접도 달라지는데
노조가 딴짓하는 나라

2020. 4. 9. 16:20

희한한 나라 86

- 헬조선

천국 위에 한국
조물주 위에 건물주

힘없으면 경쟁 치열
힘 있으면 경쟁 차단

누구는 등골 빠지고
누구는 돈이 술술

보통 장사는 박 터지고
좋은 장사는 아름아름

낮은 자리는 치고받고
높은 자리는 낙하산으로

누구에겐 젖과 꿀이 흐르고
누구에겐 헬조선!

2020. 4. 9. 16:00

희한한 나라 85

- 위압적 명칭

민주국가라 하면서
명칭은 위압적이다.

크게 다스리는 영도자
부장 아닌 장관
교장 아닌 총장
대표 아닌 총재

민이 주인이라고 하지만
머슴처럼 느껴진다.

운전사는 기사님
나이 들면 어르신
온통 선생님, 사모님
흔한 회장님, 사장님

모두가 ~님이 되면
민주화가 되는 건가?

2020. 4. 9. 15:20

희한한 나라 84

- 외 교

국민에게 봉사하는지
높은 분만 모시는지

자국민을 보호하는지
외국인을 우선하는지

국익을 위하는지
사익을 챙기는지

자주를 지키는지
사대가 목적인지

전문성을 보는지
인맥을 따지는지

일관성이 중요한지
유연성이 필요한지

실속을 살피는지
명분에 매이는지

미래를 지향하는지
과거에 매달리는지

패러다임을 제시하는지
프레임을 따라가는지

※ 2020. 4. 9. 14:50

희한한 나라 83

- 정체성

북은 조선을 거부하면서
국호에 조선을 쓰고
남은 대한민국이라 하면서
조선을 연장하고 있네.

지폐에는 모두 조선사람,
모두 유교 복장이고
철폐된 서원을 복원하고
조상의 묘를 치장하네.

자랑스러운 대한민국의
훌륭한 얼굴들을 팽개치고
무너뜨린 양반들이 돌아오고
무너진 계급사회가 세워지네.

2020. 4. 9. 14:30

희한한 나라 82

- 코리아

가장 못사는 나라에서
가장 잘사는 나라로
원조 받는 나라에서
원조 주는 나라로

아주 더러운 나라에서
아주 깨끗한 나라로
벌거벗은 나라에서
녹음 우거진 나라로

최고의 문맹 나라에서
최고로 대학 진학하는 나라로
문화가 가난한 나라에서
한류 바람을 일으키는 나라로

천지개벽한 나라

이념 전쟁과 각종 갈등
현대 사회의 모든 질곡을
겪고, 안고 있는 나라

비틀거리고 신음하고 있는
세계에 동서양을 아우르는
새로운 빛을 밝힐 나라

✏ 2020. 4. 9. 12:50

희한한 나라 81

– 연애

애들이 더 순수할 텐데
왜 애들은 하면 안 되는지

불륜이라고 손가락질하면서
왜 드라마는 불륜이 많은지

남녀가 만나기라도 하면
왜 색안경으로 보는지

행복을 최고로 추구하면서
왜 원수처럼 싸우는지

바람을 안 피운다고 하는데
왜 모텔은 이리도 많은지

인구 감소를 걱정하면서
왜 미혼모를 죄인 취급하는지

2020. 4. 8. 18:00

희한한 나라 80

- 정 당

큰 잘못이 있었는지
불법 영업처럼
간판이 계속 바뀐다.

많이 만들어지다 보니
사이비 교주처럼
작명이 장난이 아니다.

선거가 있을 때마다
비 온 후 죽순처럼
새로운 정당이 생긴다.

뒷감당은 어떻게 되든
전국 경연대회처럼
인기 끌 공약이 쏟아진다.

2020. 4. 8. 14:10

희한한 나라 79

- 선 거

찍어달라고 굽실거린다
키워달라고 호소한다
지키겠다고 장담한다
잘하겠다고 호언한다

퍼주기 경쟁을 한다
토건 사업 경쟁도 한다
그 돈은 어디서 나오나
누가 그 돈을 감당하나

이 당 저 당 오십보백보다
그런데도 당이 수십 개다
종국에는 양당체제가 되고
적대적 공생관계가 된다

비전과 철학은 어디서 보나
나라의 미래는 누가 챙기나
국민이 불쌍하다. 특히나
젊은 세대가 안 돼 보인다

✐ 2020. 4. 8. 13:50

제2부
경쟁력

희한한 나라 78

- 경쟁력

관료, 대학, 언론, 법조계 등
공부 잘한 사람이 간 곳은
우물 안 수준인 나라

운동, 음악, 미용, 드라마 등
공부 못한 사람이 간 곳은
세계적 수준인 나라

경쟁력 떨어진 곳에서
경쟁력 갖춘 곳에다가
경쟁력 강화를 외치는 나라

경쟁력 있는 곳은
목소리도 내지 못하고
눈치를 보는 나라

경쟁력 높아도 대접 못 받고
실력이 없어도 갑질하고
욕먹을수록 잘 되는 나라

✍ 2020. 4. 7. 06:10

희한한 나라 77

— 놈과 사람

일본을 쪽바리, 왜놈 하며 낮춰보는
중국을 짱깨, 되놈 하며 비하하는
세계에서 유일한 나라

외국에서 대단하다고 해도
이래서 안 된다고 혀를 차며
자기 나라를 깔보는 나라

바닥 수준으로 못 살 때도
미국 놈, 소련 놈 하며
초강국에게 놈을 붙이는 나라

미얀마 사람, 몽골 사람
콩고 사람, 멕시코 사람
약소국은 사람으로 부르는 나라

2020. 4. 7. 06:00

희한한 나라 76

— 교 양

의식주는 좋아졌는데
교양은 떨어지는 나라

교육은 많이 받았는데
예절은 못 해지는 나라

지식은 늘어났는데
지혜는 줄어드는 나라

간판은 번지르르해졌는데
평판은 물음표인 나라

돈은 많아졌는데
염치는 뻔뻔해진 나라

물질은 풍부해졌는데
영혼은 없어지는 나라

세상은 편해졌는데
행복은 어려워진 나라

✎ 2020. 2. 1. 15:00

희한한 나라 75

- 제 사

미풍양속인지 가정파괴인지
왈가왈부 말이 많은 제사

시대가 바뀌고 상황이 변해도
옛 모습을 고집하는 제사

남녀평등을 외치면서
남자 위주로 지내는 제사

모르는 남편 할아버지는 모시면서
본인 부모는 못 모시는 명절 제사

모두가 스트레스받으면서
누구를 위하는 건지 헷갈리는 제사

✏ 2020. 2. 1. 14:50

희한한 나라 74

- 여성권리

참정권이 그냥 주어지고
여성 할당이 강제로 주어지는 나라

국회의원 비례대표 1번은
여성에게 주어야 하는 나라

남성 월급이 부인에게 넘어가는
자동이체가 90%가 넘는 나라

집이든 차든 소비 결정이
거의 부인에게 있는 나라

애들 교육, 진로, 혼인 등도
엄마가 결정하는 나라

전업주부는 남편을 부리고
일하는 주부는 독박을 쓰는 나라

잘 나가는 여성은 더 요구하고
어려운 여성은 너무 힘든 나라

✐ 2020. 2. 1. 14:40

희한한 나라 73

- 성폭력

성폭행으로 괴로워서 죽어도
수사가 이루어지지 않는 나라

권력형 성 파티 영상이 있어도
조사가 우야무야 되는 나라

갑질 성매매가 조직적임을
폭로해도 그냥 넘어가는 나라

질투나 성희롱이 때로는
성추행보다 엄한 징계를 받는 나라

어린이 성폭행에 대해서는
이상하리만큼 관대한 나라

2020. 1. 31. 17:00

희한한 나라 72

             - 사교육

학교에서 배울 것을
비싼 돈 주고 미리 가르치는 엄마들

여기저기 학원 다닌다고
뛰어놀 시간이 없는 아이들

그사이 어울려 맛난 점심과
비싼 커피로 수다를 떠는 아줌마들

그 돈 번다고 등골 휘게 일하고
그다지 발언권도 없는 아빠들

그렇다고 공부를 잘하는 것도 아니고
자기 의지가 있지도 않은 마마 아이들

무엇 때문에 돈을 벌고
돈을 쓰는지 알 수 없는 나라

✎ 2020. 1. 31. 16:50

희한한 나라 71

― 평가/감사

평가나 감사가
잘못을 고치고
잘못을 미리 막고
더 잘 되라는
본질을 떠나

자료를 마구 요구하고
모멸감을 느끼게
회의에 젖게
성과가 떨어지게
갑질로 변질한 나라

✎ 2020. 1. 29. 14:10

희한한 나라 70

― 설쳐댐

해는 찬란히 떠오르고
바다는 여전히 출렁이고
강은 조용히 흘러가고
산은 자리를 지키는데

인간이 사는 세상은
예나 지금이나 쉼 없이
까마귀는 검다고 하고
붉다니 파랗다니 하네.

뒤집어보아도 다른 것을
제 본 것만 옳은 줄 알고
모름을 모른다 하지 않고
설쳐댐이 하늘을 찌르네.

2020. 1. 2. 07:00

희한한 나라 69

           - 외침

왕은 도망가도
민중이 싸우는 나라

나라를 구했는데도
역적으로 죽이는 나라

착취를 당했는데도
외침에 항거하는 나라

만세 왕이 아니라
오세창의 가르침으로

청송이 산야를 지키듯
간송은 문화재를 지켜

나라말을 살리고
겨레 얼을 이은 나라

           2019. 11. 26. 03:20

희한한 나라 68

- 고문 교육

그림을 가르친다면서
창의성을 죽이는 나라

악기를 연주가 아니라
틀리지 않도록 다그치는 나라

공부를 즐거움이 아니라
암기로 고문시키는 나라

다름을 추구하지 않고
비슷해야 안도하는 나라

새로움을 개척하기보단
베껴서 변형시키는 나라

스스로를 펼치기보단
따라 함을 받드는 나라

정규교육을 받다 보면
잠재력이 죽는 나라

2019. 11. 26. 02:40

희한한 나라 67

- 부동산

가질수록 흥하고
없으면 망하는

보유세율은 안 올리고
변죽 울려 값 올리는

정부 말대로보다
거꾸로 해야 되는

뼈 빠지게 일하느니
한 방에 끝내주는

최고의 치부 수단

2019. 11. 26. 03:30

희한한 나라 66

- 세 금

국민의 의무라 하고
반쯤 아예 안 낸다.

호화주택에 살면서도
밀린 것도 안 낸다.

곧이곧대로 내면
모자라게 본다.

부자한테 유리하고
빈자한테 불리하다.

부자 세금 올리려 하면
경제 걱정으로 난리다.

2019. 11. 23. 20:40

제3부
공금으로

희한한 나라 65

- 국 방

국민의 의무라 하고
남자만 간다.

빽도 없고 못난
남자만 간다.

운 좋으면 후보로
뛴 게 없어도 안 간다.

국격을 높여도
누구는 간다.

가서도 훈련보다
허드렛일이 많다.

높은 사람은
따까리까지 둔다.

2019. 11. 23. 20:30

희한한 나라 64

- 공과 과

공이 아무리 많아도
과를 씹어대는 나라

양심상 잘못된 것을 지적하면
배신자라고 파면시키는 나라

일하라고 해놓고
책임을 묻는 나라

능력이 있어 잘하면
타깃이 되는 나라

영혼이 있어야 하겠지만
그러면 살기 피곤한 나라

✎ 2019. 11. 23. 20:10

희한한 나라 63

- 어렵게 써야

쉬운 자기 말을 두고
어려운 남의 말을 써야
있어 보이는가 보다.

글을 쓰는 사람들은
특히 배운 사람들은
있어 보이려 애쓴다.

언문이라 낮추더니만
돈을 화폐라고 하고
세계 말이 난무한다.

원문이 오히려 쉽다.
무슨 말을 하고 있는지
번역을 해독해야 한다.

시를 쓰는 사람도
본인이 알고 쓰는지
의심이 이따금 든다.

✎ 2019. 11. 8. 06:50

희한한 나라 62

- 온통 영어

한때는 한자였다.
사람 대부분 문맹인데도
간판도 한자였다.
책도 토씨만 한글이었다.

이제는 영어이다.
어원 대부분 한자인데도
한자는 사라졌다.
한글로 쓰지만 영어이다.

골프장 이름은 말할 것도 없고
아파트 이름도 온통 영어이다.
우리말로 두 자면 될 것을
알기도 힘들게 복합 영어이다.

2019. 11. 8. 06:30

희한한 나라 61

― 나라와 돈

대한민국이라 하지만 영어로는
South Korea라 한다.

대한민국이라 하지만 돈에는
조선 시대만 있다.

조선공화국이라 하지만 영어로는
North Korea라 한다.

조선공화국이라 하지만 돈에는
수령만 있다.

✎ 2019. 11. 6. 06:20

희한한 나라 60

- 명절날

시집간 딸이 오면 반기지만
며느리가 가려 하면 눈을 흘기며
시누이 오는데 어딜 가려느냐 한다.

시집간 딸이 용돈을 주면 자랑하지만
며느리가 모처럼 용돈을 챙기면
친정으로 다 빼돌리려 하느냐 한다.

한 번도 본 적도 없는
시집의 조상에게는 제사 지내지만
친정 부모 제사에는 가지도 않는다.

돌아가신 지 오래되어도 모시지만
진작 산 사람끼리는 내왕도 없고
모여도 딴짓하며 서먹하기만 하다.

집안 화목을 내세우며 모이지만
명절증후군이란 말까지 만들며
명절 스트레스로 싸우기까지 한다.

조선 시대 끝난 지 언젠데
조선 시대 음식을 힘들게 준비하고
조선 시대 예법을 붙들고 있다.

✐ 2019. 11. 6. 06:10

희한한 나라 59

- 남의 돈으로

남의 돈으로

비싼 건물에 널따란 사무실
대학 나온 미모의 여성 비서
명문 나온 똑똑한 남성 실장
고급 차에 점잖은 기사
엄청난 판공비
고급술, 고급 음식
골프 회원권, 헬스 회원권

모두가 굽실거리고
특급대접 받고
오만 잘난 사람 만나고
선물을 사방에 뿌리며
자기가 자기가 아닌 듯
이름을 만방에 알리며
하루가 후다닥

다 남의 돈으로

2019. 10. 27. 22:20

희한한 나라 58

― 보수와 진보

보수는 자유를 수호한다면서
반자유주의적 반공주의를 신봉하고
반시장적 독점재벌을 찬양하며
국가주의에 매몰되어 있는 나라

진보는 자유를 쟁취한다면서
반개인주의적 사회주의를 좇고
자유주의적 시장경제를 비난하며
민족주의에 함몰되어 있는 나라

2019. 10. 16. 10:30

희한한 나라 57

- 국가보상

조류독감이든 구제역이든
매년 엄청난 살처분이 일어나는 나라
그 손해가 세금으로 보상되는 나라

태풍이나 자연재해로
농촌이든 어촌이든 피해가 생기면
그 피해를 세금으로 보상하는 나라

그 보상이 너무나 너그러워
판매하는 것보다 보상받는 게
훨씬 좋아 속으로 반기는 나라

수입하는 것이 훨씬 유리해도
항생제나 배설물로 국토를 오염시키며
신토불이에 돈을 쏟아붓는 나라

2019. 10. 13. 09:10

희한한 나라 56

- 시골 학교

시골 학교 학생 몇십 명에
교장, 교감, 선생님들, 일하는 분들

학생은 자꾸 줄어드는데 예산은 자꾸 늘어
수업 장비 멀쩡한데 또 새 장비 들여오고

뛰어놀 아름다운 잔디운동장 파헤치며
매년 공사하다 드디어 강당까지 짓고

학생 1인당 연 1억 원가량 들면서도
학생은 힘들어하고 실력 없는 나라

📎 2019. 10. 13. 08:50

희한한 나라 55

- 공금으로

돌아가신 분 사진에 절하고
조화에 자기 이름을 크게 써놓고
조화를 공금으로 지급하는 나라

30분짜리 꽃 장식된 결혼식에
3단짜리 화환이 줄 서 있고
화환을 공금으로 처리하는 나라

명절이나 선거철이 되면
플래카드로 공해가 되고
플래카드를 공금으로 설치하는 나라

힘들게 번 소득에서 떼어간
아껴 넣은 통장에서 떼어간
금쪽같은 내 돈이 마구 쓰이는 나라

✍ 2019. 10. 13. 08:40

희한한 나라 54

- 시끄러운 민주국가

거리가 시끄럽다
버틴다고 쏘아댄다
망한다고 난리이다
조각난다고 걱정이다

서로 애국을 내세운다
씁쓸한 건 다르면 적이다
애국자가 많기도 하다
이래저래 시끄럽다

시끄러운 건 건강하다
아프면 조용하다
걸어서 나와 고함지르니
병도 나갈 판이다

독재면 입 다문다
민주정은 시끄럽다
시위가 비폭력적이다
즐거운 놀이터이다

놀라운 민주국가이다

대단한 희망이다

2019. 10. 9. 20:50

희한한 나라 53

- 강 요

정답이 없어도 정답이 있다고
정답을 알아야 하는 나라

근거 없는 규범이 넘쳐나고
규범 속에 갇혀 있는 나라

유전마저 던져버려야 하는데
죄의식을 갖게 하는 나라

자유로이 배회하고 싶어도
행동으로 옮기지 못하는 나라

제대로 잡지는 못하면서
모두를 용의자로 보는 나라

증거를 확보하지 않고
자백을 강요하는 나라

✎ 2019. 10. 2. 20:40

제4부
착하면 안 돼

희한한 나라 52

- 정답 그리고 자기검열

삶에도 정답이 있는 나라

철학은 어려워야 하고
시는 은유여야 하는 나라

관습으로 얽매이고
교육이 억압인 나라

이데올로기로 낙인찍고
스스로 검열하는 나라

이 눈치 저 눈치로
표현을 감추는 나라

자유를 줘도 알아서
울타리를 치는 나라

노벨상 받을만한 작품
그래서 안 나왔나?

2019. 10. 2. 20:30

희한한 나라 51

― 해 국

말을 모질게 해야
행동을 튀게 해야
제대로 정치인이 되는 나라

소신이 없어야
영혼이 없어야
높은 관료가 되는 나라

실력이 없어야
도덕성이 약해야
서생이 발탁되는 나라

애국이 서로 달라
양극으로 싸우느라
해국이 되는 나라

가짜가 범람하여
진짜가 뭔지 헷갈려
본질이 뒷전인 나라

2019. 10. 1. 05:10

희한한 나라 50

- 편 가르고 싸우고

우물 안 당쟁으로 편 가르고 싸우다가
국제정세가 급박하게 돌아가도
기축옥사(1589)로 3년에 걸쳐 상대편을 죽이다가

임진왜란(1592), 정유재란(1597)으로
서로 잡아먹을 지경에 이르고
죽은 사람의 뼈가 잡초처럼 드러나고

세상이 바뀌어도 숭명만 하다가
정묘호란(1627), 병자호란(1636)으로
백성이 어육으로 만들어지고
무수히 노예로 팔려 가고

동학혁명(1894)에 왜군 끌어들여
계곡과 산마루가 시체로 하얗게 덮이고
결국 일본에 잡아먹히고

해방이 되어도 또 서로 싸우다가
동족상잔으로 수백만이 죽고
70년이 넘도록 쪼개져 있어도

백성도 모르고 세상도 모르는
우물 안 개구리들이 여전히
편 가르고 싸우며 설치는 나라

🖎 2019. 8. 1. 21:30

희한한 나라 49

- 야단법석

자기 나라보다 남의 나라 걱정하는 나라
국익보다 남의 나라 이익 챙겨주는 나라

자기 나라 원수를 개새끼로 여기는 나라
남의 나라 원수에게 뭔가를 바라는 나라

전문가를 제쳐놓고 삼류가 설치는 나라
외국인에게 자문받는 사대 근성의 나라

힘센 나라에는 굽실거리면서
꼴에 못난 나라를 깔보는 나라

위기를 맞아 원인과 진단을 논의하기보다
뭉치기는커녕 서로 탓하며 분열하는 나라

그래서 왁자지껄 시끄러운 나라
그래도 희망 있는 야단법석 나라

2019. 7. 29. 21:15

희한한 나라 48

- 국 회

멱살 쥐고 싸우던 동물국회
아무것도 안 하던 식물국회
다시 동물국회이자 식물국회

무조건 내 편은 선이고
상대는 악이고 불순한
전형적 내로남불의 현장

자기편끼리도 지리멸렬
언제 어디로 갈지 몰라
머리 굴리며 각자도생

온갖 특혜를 누리면서
말할 수 없이 뻔뻔한
희한한 나라의 국회

2019. 7. 29. 21:00

희한한 나라 47

- 인 재

인재가 천지에 널려있는데
인재가 없다고 하는 나라

인재를 모실 마음이 아닌데
인재가 제 발로 굴러오나

인재를 알아볼 안목도 없으니
인재가 있은들 소용이 있으랴

목소리가 크다고 인재인가
설쳐야 인재라 여기는 나라

나대면 공부는 언제 하나
산삼이 쉽게 띄는 데 있나

2019. 7. 28. 18:50

희한한 나라 46

- 음악회

정치인이 오면
음악회 중간에도 축사를 하고
관중들도 환호하고

혀 빠지도록 공부한
프로 음악인이 무료출연을 하고
관중들은 당연시하고

풍성한 음악회가 공짜
음악회 뒤 리셉션도 공짜
그래도 관중들이 적고

그럼에도 불구하고
무료봉사자들의 도움으로
무료음악회가 많은 나라

2019. 6. 27. 17:20

희한한 나라 45

― 어 대

그래도 대통령이 되려면
오랫동안 나라를 품었어야 하는데

변호를 하다가 갑자기 길을 바꿔
청문회 스타로 뜨더니만 되고

탈세마저 마다하고 돈을 밝히다가
드라마로 포장되더니만 되고

세상살이와 동떨어져 공주로 살다가
아버지 향수를 받더니만 되고

전혀 생각이 없다가 대항마가 되어
합죽이 웃음을 잘하더니만 되고

어쩌다 대통령들
그래도 굴러가는 나라

✎ 2019. 6. 27. 17:10

희한한 나라 44

- 용쓰고

연주 안 틀리려고 용쓰고
시처럼 보이려고 용쓰고
그림처럼 그리려고 용쓰고
의미 붙인다고 용쓰고
있어 보이려고 용쓰고

지식 외우려고 용쓰고
공부 잘하려고 용쓰고
돈 벌려고 용쓰고
승진하려고 용쓰고
잘 보이려고 용쓰고

용쓰다가 볼 일 다 보는 나라
용도 안 되면서 용써야 하나?

✐ 2019. 5. 23. 22:50

희한한 나라 43

- 착하면 안 돼

착하면 안 돼
막 대하고 따돌려

참으면 안 돼
복이 아니라 병 생겨

가만히 있으면 안 돼
손해를 넘어 뒤집어씌워

남자한테 관대하고
여자한테 표독하지 말고

강자한테 비굴하고
약자한테 갑질 말고

괜히 스트레스 받아
스스로 망가지지 말고

욕하고 소리 질러
따지고 대들어

✎ 2019. 4. 28. 07:00

희한한 나라 42

— 크면서 왜?

어린이는 천사

크면서 왜?

2019. 4. 26. 08:15

희한한 나라 41

- 줄 서면

줄 서면 고지식
정직하면 푼수
배려하면 손해

센스 없이
눈치 없이
우직하면 바보

새치기하고
밀치고
베끼고

먼저 챙기고
먼저 먹고
얼렁뚱땅

2019. 4. 26. 08:10

희한한 나라 40

- 을

일은 힘들고

돈은 적고

위험은 많고

보이스는 없고

잘리기는 쉽고

구하기는 어려워

비위 맞추며

굽실거리는

그 이름은

을

✐ 2019. 4. 26. 06:50

제5부
야만 시대

희한한 나라 39

- 밑에서는

밑에서는 애정도 있고
글로벌 전문성도 있고
봉사와 희생도 있는데

위에서는 영혼도 없고
가슴보다 머리만 쓰고
본질보다 형식만 보고

아하,
그래서 안 되는가?
그나마 굴러가는가?

✎ 2019. 4. 26. 07:30

희한한 나라 38

― 위에서는

밑에서는 뼈 빠지게 일해도
인간답게 살기 힘든 나라

위에서는 가만히 있어도
돈이 들어오는 나라

종교마저 사탕발림으로
돈을 긁어가는 나라

노블레스 오블리주는 없고
억울하면 출세를 하라 하는 나라

있는 자가 손해 보지 않고
없는 자 돈을 빼먹는 나라

2019. 4. 10. 07:20

희한한 나라 37

― 건배사

먹거나 마시는 모임이면
건배사를 꼭 하는 나라

나이 많다고 하고
한자리한다고 하는 나라

우리가 남이가 하며
'위하여'를 몇 번씩 하는 나라

술을 못해도 하고
돌아가면서 하는 나라

싫어도 하고
무조건 하는 나라

✎ 2019. 4. 10. 07:10

희한한 나라 36

- 혼 자

혼자 하거나 지원이 없으면
굉장히 잘하는 나라

함께하고 지원이 많으면
잘할 듯 못하는 나라

1초가 급한 순간에도
이름에 형이라고 외쳐야 하는 나라

쭈뼛쭈뼛 눈치 보고
혼자 치고 못 나가는 나라

2019. 4. 10. 07:00

희한한 나라 35

- 말과 글

쉬운 말을 사대주의로
어렵게 가르치는 나라

수시로 철자가 바뀌고
띄어쓰기가 바뀌는 나라

어미 변형 때문에
끝까지 들어봐야 아는 나라

존댓말로 갑을 있으면서
평등과 민주 외치는 나라

✎ 2019. 4. 10. 06:50

희한한 나라 34

- 춤과 수작

춤과 노래를 좋아한다고
예부터 알려져 온 나라

언제부턴가 춤을 멀리하고
남녀가 어울리지 못하는 나라

학교에서 춤을 여자만 가르쳐주어
포크댄스를 남자는 못 추는 나라

어두운 조명에서 춤추며
춤이 수작이 되는 나라

앞으로는 점잔을 빼고
뒤로 호박씨 까는 나라

2019. 4. 10. 06:40

희한한 나라 33

- 마구잡이 주사

마구잡이 주사 놓고
마냥 마취시키는 나라

죽은 것도 억울한데
죽은 놈이 덮어쓰는 나라

잘못한 전문가는 배짱이고
당한 사람이 증명해야 하는 나라

골치 아프고 승산 없다고
변호사도 나서지 않는 나라

잘못된 것을 보고하면 배신자 되고
보고하지 않아도 처벌이 없는 나라

✒ 2019. 4. 9. 17:00

희한한 나라 32

- 목매는

점수 높은 것
일등 하는 것
좋은 대학 가는 것
좋은 직장 잡는 것
좋은 결혼 하는 것

남보다 나은 것
감투 쓰는 것
돈 버는 것
운 좋은 것
이기는 것

잠시의 행복에 목매는 나라
잠시의 불행에 목매는 나라
잠시의 불행은 지나가기 마련이고
잠시의 행복은 참 행복이 아니건만

2019. 4. 9. 5:50

희한한 나라 31

- 일

일을 잘하고도
한 개를 잘못하면 작살나는 나라

일을 안 하고도
한 개를 잘하면 인정받는 나라

갑일수록 편하고 안정적이고
보수도 많고 노후도 보장되는 나라

아래에는 똑똑하고 열심인데
위로 갈수록 무능해도 되는 나라

밑에는 성실하고 봉사도 하는데
높을수록 진정성이 없는 나라

2019. 4. 4. 15:40

희한한 나라 30

− 공무원

고시 출신이 나라를 좌지우지하고
공무원이 힘을 쓰는 나라

스카이 출신이 주름잡고
지방엔 지방 출신이 폼 잡는 나라

글로벌 경쟁력이 없는 곳이
갑으로서 군림하는 나라

정규과정에 없는 분야가
한류 바람까지 일으키는 나라

관료나 정치인이 몰라야
세계무대까지 휩쓰는 나라

✎ 2019. 4. 4. 15:30

희한한 나라 29

- 알맹이보다 껍데기

알맹이보다 껍데기를

과정보다 결과를

정보보다 돈을

학교보다 학원을

내공보다 투쟁경력을

소프트웨어보다 하드웨어를

선호하는 나라

질보다 양을

실력보다 점수를

지식보다 요령을

자율보다 규제를

가만있기보다 줄 대기를

바른말보다 둘러 말하기를

추구하는 나라

✍ 2019. 4. 4. 13:40

희한한 나라 28

- 위장전입과 병역기피

재벌이 없어지면
죽는다고 여기는 나라

책은 읽지 않으면서
종이 소비는 최고인 나라

위장전입과 병역기피가
장관 후보 자격인 나라

못사는 사람들이
보수 성향이 강한 나라

다 잘난 듯이 하면서도
카리스마를 받드는 나라

2019. 4. 4. 13:20

희한한 나라 27

- 야만 시대

오직 이기기 위해
돈 있다고 받들어지고
힘 있다고 우러러진다.

궤변이 범람하고
마녀사냥을 하며
약자는 개 아래이다.

독선과 독식의
잘남과 치열함이 휩쓰는
야만 시대를 살아간다.

소통과 베풂의
존중과 여유로움이 넘치는
문명 시대가 열리려나.

✎ 2019. 4. 4. 6:10

제6부
〈바르게 살자〉

희한한 나라 26

- <바르게 살자>

영혼이 없어도
공부만 잘하면 되는 나라

더러운 돈이라도
돈만 많으면 좋은 나라

사람이 엉망이라도
권력만 있으면 대접받는 나라

〈바르게 살자〉 동네방네 세우고
바르게 살면 바보 되는 나라

　　　　　　　✍ 2019. 3. 31. 09:00

희한한 나라 25

　　　　　　　　　　　　　- 폭 력

민주국가라고 표방하면서
국가가 자국민을 죽인 나라

폭력과 의거가 구분이 안 되고
폭력이 정당화되는 나라

다른 나라가 뭐라 생각하든
혁명을 붙이고 싶어 하는 나라

공권력이 원칙 없이
제멋대로 행사되는 나라

맞고 틀림을 떠나서
목소리 크면 이기는 나라

　　　　　　　　　　　✎ 2019. 3. 31. 08:50

희한한 나라 24

- 친일과 부일

당당히 맞설 생각은 않고
강대국이면 머리 조아리는 나라

평생을 나라 위해 몸 바친 사람을
우리 편 아니라고 내치는 나라

수류탄 한 번 던진 노인을
독립투사로 동상 세운 나라

독립운동사 하나 정리 못 하고
사람을 인민 재판하는 나라

친일과 부일을 구분하지 않고
친일을 나쁘다고 하는 나라

매국노가 처벌받기는커녕
계속 떵떵거리며 사는 나라

무조건 일방적으로 우기고
다른 소리는 매도되는 나라

✐ 2019. 3. 31. 08:40

희한한 나라 23

− 공부와 실력

국어 공부 그렇게 많이 하고도
글쓰기가 엉망인 나라

영어 공부 그렇게 많이 하고도
외국인과 대화 못 하는 나라

수학 공부 그렇게 많이 하고도
세계적 수학자가 없는 나라

공부를 세계에서 가장 많이 하고도
실력이 없다고 불안해하는 나라

연구개발에 돈을 무진장 퍼붓고도
노벨상 안 나오는 나라

✎ 2019. 3. 24. 21:40

희한한 나라 22

- 위 선

돈 들여 만들고
돈 들여 부수는 나라

보도블록을 멀쩡해도
어디선가 바꾸고 있는 나라

일자리를 정부 돈으로
퍼주듯이 만드는 나라

공무원이 되겠다고 난리고
고시 폐인이 즐비한 나라

자기 자식은 못 하게 하면서
벤처 해라고 부추기는 나라

사업하면 사방에서 달려들면서
맨날 경제성장 외치는 나라

✎ 2019. 3. 24. 21:30

희한한 나라 21

- 괘씸죄

형량이 판사에 따라
무죄에서 중죄로 오락가락하는 나라

죄가 확정된 죄인이 아닌데도
죄수복에 수갑을 채우는 나라

언론이 중죄인으로 도배하고
나중에 무죄 되어도 그만인 나라

작은 진실은 중요하지 않고
사회적 파장을 우려하는 나라

증거를 확보하려 하지 않고
무조건 용의자로 족치려는 나라

위법이라도 조항이 없으면
죄가 안 되는 나라

조직적 범죄보다
괘씸죄가 더 큰 나라

✎ 2019. 3. 17. 10:00

희한한 나라 20

- 완 장

봉사한다고 말하면서
완장 찬 듯 행동하는 나라

민이 주인이라고 하면서
민을 개돼지로 취급하는 나라

강자는 져도 아무렇지 않고
약자는 이겨도 박살 나는 나라

대법원이 강자 편에서
1심, 2심을 뒤집는 나라

전문성이 필요한 사고가 터지면
피해자가 잘못된 걸 증명해야 하는 나라

기회의 균등을 외치면서
강자를 배려하는 나라

약자가 약자를 무시하고
강자한테 빌붙는 나라

강자에게 굽실거리고
약자에게 군림하는 나라

✏ 2019. 3. 17. 09:50

희한한 나라 19

- 아전인수 자본주의

친시장을 친기업이라고 여기며
반재벌을 반시장이라고 난리 치는 나라

사유재산인 차량 모는 것도
정부가 어쩌고저쩌고하는 나라

정부가 다 할 수 없어
민간이 자기 돈으로
어린이집, 유치원을 하게 해놓고
고맙다고 칭찬은커녕
공익이라며 윽박지르는 나라

보수가 능력이 아니라
근속연수에 따라 올라가는 나라
보수가 직무와 관계없이
어려우나 쉬우나 같은 나라

직무시장은 없고
노동시장만 있는 나라
동일노동 동일보수가 아니라

노동이 계급화된 나라

진보든 보수든 그러면서
자본주의라고 하는 나라

✎ 2019. 3. 16. 14:10

희한한 나라 18

- 제멋대로 자유

자유를 남이야 피해를 보든
제멋대로 하는 거로 생각하는 나라

공공장소에서 사적 대화를
큰 소리로 떠드는 나라

동의하지 않으면 진행이 안 되면서
동의하느냐고 물어보는 나라

신분증에 개인 정보가 있고
신분증 없으면 안 되는 나라

개인 신상이나 이력에 대해
서류를 제출해야 하는 나라

배려나 근거 없이 주장하면서
그것을 디베이트라고 하는 나라

2019. 3. 16. 13:50

희한한 나라 17

- 엉터리

민주와 선거를 같은 줄 알고
대학의 장을 선거하는 나라
무엇을 할까를 고민하지 않고
무엇을 할 수 있을까를 보지 않고
되기 위해, 표를 얻기 위해
온갖 위법이 자행되는 나라

본질은 보지 않고
껍데기만 챙기는 나라
질은 보지 않고
양만 따지는 나라
표절을 하면서
표절인지 모르는 나라

연구개발에 돈을 퍼붓고도
돌아오는 돈은 미미한 나라
프로젝트로 돈을 뿌리기에
잿밥에 관심이 많은 나라
말도 안 되는 제안서에
엉터리 보고서가 난무하는 나라

2019. 3. 15. 15:20

희한한 나라 16

- 목소리

무능이 목소리가 커
유능한테 큰소리치는 나라

갑이 갑질하며
을을 빨아먹는 나라

갑이 뭐라고 하면
을은 아니라고 못 하는 나라

갑 위에 갑 있고
을 밑에 을 있는 나라

슈퍼 갑이 갑보고
갑질하지 말라 하는 나라

갑이 갑질하면서
갑질인 줄 모르는 나라

공화를 내세우면서
뭐가 공화인지 모르는 나라

✍ 2019. 3. 15. 05:20

희한한 나라 15

     － 시

시가 좋아
시를 외우고
시를 낭송하고
시 쓰기를 배우는 나라

시가 난해하든가
은유가 가득하든가
시처럼 보여야 하도록
시 체면을 생각하는 나라

삶이 다른데
자기 마음인데
시는 이런 것이라고
시로 시험 치는 나라

시인의 의도를 해독하고
거룩하게 포장되어
그 해독이 정답 되고
그 시인이 답 틀리는 나라

시인 등용문이 있어
수많이 떨어지면서도
시인이 많고도 많고
시집이 넘쳐나는 나라

아주 가볍든가
무슨 상을 타거나
바람을 타지 않으면
시집이 팔리지 않는 나라

＊ 2019. 3. 15. 05:00

희한한 나라 14

- 천 재

천재가 재수 없다 못해
천재가 박제가 되는 나라

꿈틀거리는 욕망처럼 그래도
끊임없이 천재가 나오는 나라

천재가 천재일 수 없지만
천재가 되고자 하는 나라

천재에 대한 열망은 강해
나라 밖 천재에 환호하는 나라

그나마 국경이 느슨해져
천재를 꿈꾸며 탈출하는 나라

탈출하지 못한 천재를 농락하며
희희낙락 잘난 체하는 나라

그렇게 빨아대고 빨리고도
오랜 세월 버텨온 나라

✎ 2019. 3. 14. 05:25

제7부
우물 안 개구리

희한한 나라 13

- 우물 안 개구리

긴 세월 우물 밖과 단절하는 동안
우물 안 개구리들은 먹을 게 없어
살아남기 위해 비굴해야만 하였다

새 세월 우물 밖과 통해오다 보니
우물 안 개구리들은 먹을 게 넘쳐
목에 힘이 들어가고 잘난 체했다

밖과 뛰어온 놈 따로 있고
몸을 던진 놈 따로 있는데
우물 안 개구리가 큰소리쳤다

경쟁이 치열해져 힘들어지고
놀면서 탓하는 자가 많아지자
우물 밖으로 나가보라고 했다가

우물 안 개구리들이 개골개골
무슨 소리냐? 너나 나가라고
왁자지껄 결국 쫓겨나 버렸다

혀 빠지게 애써도 알아주기는커녕

실력 갖추어도 인정해주기는커녕

우물 안 개구리들이 판치는 나라

                                                 2019. 2. 1. 22:00

희한한 나라 12

- 잔머리

실력보다 잔머리를 써야 하는데도
공부를 강조하는 나라

영혼이 없어야 출세하는데도
줏대를 떠받드는 나라

사기꾼들이 떵떵거리는데도
대다수 민들이 사기 치지 않는 나라

더러운 꼴을 많이 보고도
체념하고 선량하게 살아가는 나라

위정자가 그렇게 한심해도
애국자가 넘쳐서 시끄러운 나라

터지면 윗놈은 도망가고
아랫것들이 지키는 나라

2019. 3. 17. 11:00

희한한 나라 11

― 쥐뿔 개뿔

쥐뿔과 개뿔들이 주름잡는 나라
선민(鮮民)이 주름 잡히는 나라

쥐뿔 개뿔만도 못한 자들이
소나 닭이 비웃을 짓을 하고도
버젓이 잘났다고 활개 치는 나라

말도 안 되는 일이 수십 년 흘러도
일어나고 난리 치고 반복되는 나라

쥐뿔 개뿔들이 그렇게 해 먹어도
망하기는커녕 잘 굴러가는 나라

흥청망청 희희낙락 삐까번쩍
겉으로는 아주 잘사는 나라

✍ 2019. 1. 10. 15:20

희한한 나라 10
- 아무렴 그렇고말고 4

국화가 나리에게 말했다
너 나리 아니잖아
나리도 국화에게 말했다
너 국화 아니잖아
이런들 저런들 좋은 세상
우리 함께하면 그만
아무렴 그렇고말고

파랑이 하양에게 말했다
너 빨강이잖아
빨강도 하양에게 말했다
너 파랑이잖아
이렇든 저렇든 갈린 세상
우리 따로 가면 그만
아무렴 그렇고말고

강물은 천년을 흘러가고
별은 억만년을 빛나는데
짧디짧은 이내 인생
둘 곳 없는 이내 마음

이러쿵저러쿵 힘든 세상
우리 죽어가도 그만
아무렴 그렇고말고

✎ 2018. 12. 15. 21:10

희한한 나라 9
- 아무렴 그렇고말고 3

보고도 못 본 척해야지
본 대로 얘기하면 어떡해
이 사람아 뒤를 봐야지
그 사람이 어떤 사람인데
아무렴 그렇고말고

듣고도 못 들은 척해야지
들은 대로 말하면 어떡해
이 사람아 위를 봐야지
그분의 처지가 어떠한데
아무렴 그렇고말고

알아도 모르는 척해야지
있는 대로 올리면 어떡해
이 사람아 크게 봐야지
그분의 장도가 어떠한데
아무렴 그렇고말고

바른 대로 일해서 잘리고도
나가서 까발리면 어떡해

이 사람아 그렇게 몰라
이 세상이 어떻게 돌아가는데
아무렴 그렇고말고

긴 것을 기라고 말했다가
아닌 것을 아니라고 했다가
간 사람이 그 얼마이든가
역사는 그렇게 이어지는데
아무렴 그렇고말고

아무렴 그렇고말고

2018. 12. 15. 20:40

희한한 나라 8

- 아무렴 그렇고말고 2

모자라는 걸 모자란다고 말하면
다치는 수가 있어
모자라면 어차피 말해도 안 되고
안 모자라면 말할 필요가 없기에
아닌 것을 아니라고 말하면
망하는 수가 있어
아무렴 그렇고말고

아닌 것을 아니라고 말하지 못하고
가슴은 새까맣게 타들어 가는데
사랑한다고 하면서
망하든가 말든가 하지도 못하여
모자라는 걸 모자란다고 말하면
본전은커녕 기분만 잡쳐
아무렴 그렇고말고

아닌 것을 아니라고 말하지 못하더라도
긴 것을 기라고 말해줘야 하는데
사랑이란 이름으로 배신감마저 주기에
벙어리 냉가슴 앓듯 삭이다가

공심에 어쩌다 뱉은 말에도
옛 생각에 상처만 커져
아무렴 그렇고말고

모자라든지 말든지
안 되는 것은 안 되는 법
진정성은 전당포에 맡기고
얍삽하게 조금은 **뻔뻔하게**
영혼 없는 달콤한 말이
누이 좋고 매부 좋고
아무렴 그렇고말고

✎ 2018. 12. 15. 12:40

희한한 나라 7
- 아무렴 그렇고말고 1

난리법석이다
그런데 거기는 조용하다
모두가 설쳐대니
긴가민가하기도 할 법
그럴 땐 아전인수가 최고지
입 다물면 이등은 하지
아무렴 그렇고말고

홀연히 백마 타고 온 기인이
전가의 보도를 휘두르며
쾌도난마의 내공을 보일 법도 한데
목 놓아 기다리기만 할 뿐
소식은 기미도 없는 듯하다
설마 기인이 없기야 하겠냐만
아무렴 그렇고말고

아닌 것을 아니라고 말하지 못하고
아니라고 하는 말에 관심이 없다
아닌 것을 아니라고 하면
몸이 성하지 못하다고 그리고

아니라고 쉽게 가버리면
잡은 권력이 흔들린다나 봐
아무렴 그렇고말고

아닌 것이 아니든지 말든지
아닌 것을 기라고 하고
빨대 꽂고 빠는 게 장땡인 세상
한쪽에서 왁자지껄 씹어 돌리든
한쪽에선 주구장창 빨아들이며
먹은 놈이 때깔도 좋지
아무렴 그렇고말고

✎ 2018. 12. 15. 7:30

희한한 나라 6

- 어느 최고

인간이 안 된 사람의
교활한 이중성의 포장을
가려내지 못해 교과서에 실리고

인간의 탈을 쓴 악마의
현란한 말장난의 가벼움을
인식하지 못해 각종 상을 받고

교언영색이 신의가 없는데도
수많은 사기와 범죄 행위를
처벌은커녕 어언 거물이 되고

하나를 보면 열을 알 수 있는데도
그렇게 오랜 세월을
발각은커녕 용꿈을 꾸어온

희한한 나라의 어느 최고

✐ 2018. 3. 12. 22:00

희한한 나라 5

- 네트워크와 자본주의

네트워크 사회라 한다
네트워크가 재산이라 한다
그러면서 알음알음한다
알음알음으로 사바사바한다
사바사바하며 네트워크라 한다

자본주의 사회라 한다
자본주의가 부국의 길이라 한다
그러면서 끼리끼리 한다
끼리끼리 지대를 챙긴다
지대 챙기며 자본주의라 한다

✍ 2017. 12. 20. 00:50

희한한 나라 4

- 속물

하늘처럼 하늘하늘
땅처럼 땅땅거리고
얼렁뚱땅 두루뭉술
능청능청 번들번들

돈돈돈 돈에 돌아
양심이 양양대도
마음이 맴맴대도
눈먼 돈에 눈멀어

바람처럼 살랑살랑
물처럼 물렁물렁
구름처럼 뭉실뭉실
장어처럼 매끌매끌

서류로는 완벽
실제로는 공범
너무 좋은 이 나라
망할 놈의 이 나라

돌고 도는 돈이지만

어떡하랴 어찌하랴

피고 지는 꽃이지만

어떡할꼬 어찌할꼬

🖉 2017. 6. 30. 16:10

희한한 나라 3

- 어떤 나라

이미 싹수가 노래도
몇백 년을 가는 나라
지리멸렬 분열해도
수 천 년을 잇는 나라

지긋지긋 찌질하면서
지지리도 질긴 나라
망해 싸도 망하지 않는
망할 놈의 망할 나라

또 얼마를 가야 하나
산과 들은 변함없이
그 자리를 지키려나
잘나도 탈 못나도 탈

하늘하늘 하늘거리고
흐물흐물 흐늘거리고
구름 따라 바람 따라
방방곡곡 방랑 삼천리

강은 천년을 흘러가고
삶은 강처럼 흘러가고
마음도 그렇게 흘러가고
술잔에 마음도 마셔보네

✏ 2017. 5. 16. 05:50

희한한 나라 2

- 유구한 나라

시험만 잘 쳐서 출세하고 폼 잡는 나라
외골수 꼴통이 훈장 받고 수장하는 나라

애국이란 이름으로 빨갱이를 만들어내는 나라
국익이란 명분으로 약자의 인권을 짓밟은 나라

알량한 권력을 위해 거짓과 위선을 일삼는 나라
올곧으면 자빠트리고 변절하면 한자리하는 나라

막말 마구 해야 인정받는, 총체적으로 어지러운 나라
화병 안 걸리고, 정신병자 안 되는 게 신기한 나라

✒ 2015. 10. 7. 10:10

희한한 나라 1

        - 망하지 않는 나라

간신이 설치고
충신이 죽는데도
살아 있는 나라

자신의 말글 무시하고
외국어에 목을 매는데도
외국어를 못 하는 나라

생긴 걸 탓하고
성형이 판치면서도
고집은 센 나라

섹시하려 애쓰고
돈을 숭배하면서도
아닌 척하는 나라

성실히 일하기보다
요령 좋은 놈이 승진해도
굴러가는 나라

훌륭한 일류보다
이삼 류가 나서도
성장하는 나라

윗물이 탁하고
탐욕을 부려도
망하지 않는 나라

✎ 2013. 5. 12. 11:25

에필로그

골프, 바둑, 활 등 혼자 하거나 핸드볼, 컬링 등 지원이 없을 땐 파이팅과 단합으로 세계적 수준이지만, 축구, 정치 등 힘 있고 돈 있으면 협회, 파벌, 선후배, 서열 등 간섭과 군기로 우물 안 수준이다.

책임질 일 안 하고, 적당히 하고 두루뭉술해야 사람 좋다고 한다. 영혼 없이 영특하게 처세해야 출세하고, 선민(鮮民)이 배척되거나 선민(善民)이 힘든 경우를 종종 본다. 곳곳에 좀비와 위선이 넘친다.

본질을 망각하고 사유 없이 기능화되고, 자율과 자정 기능이 약화하면서 악화가 양화를 구축하기까지 한다. 남의 돈으로, 공금으로 위세를 부리고 도덕마저 오염시킨다.

외형적으로 좋은 것이 과연 좋은 것인가? 겉으로 행복한 것이 과연 행복한 것인가? 이제는 물질 중심과 껍데기 중심에서 벗어나 위선의 탈을 집어 던져야 하지 않는가.

동족상잔의 비참한 전쟁을 겪고 겨레가 분단되어 있으면서도 여전히 편을 가르고 싸우고 있다. 그래도 산업화와 민주화를 이룬 것은 기적이다.

생각을 바꾸면 시끄러운 건 건강하다는 물증이다. 조용하면 아프다는 징조이다. 합리적 성찰과 열린 대화로 갈등과 분열을 지양하고, 품격 있는 문화국가가 되는 것을 꿈꾼다.

2020. 3. 22. 17:50

문화국가

권위는 존중하되 권위주의는 없애야 하듯이
엘리트는 필요하되 엘리트주의는 배척되고

다름은 존중되고 차별은 없어야 하고
배려와 관용으로 민폐는 없어야 하고

정치적 독재, 경제적 독점, 사회적 독선
모두 사라져 기회의 균등이 보장되고

법질서와 규율의 확립, 그리고 도덕으로
과정의 공정과 신뢰가 구축되고

민을 주인으로 민을 섬기고
남의 돈을 내 돈처럼 받들고

거들먹거리며 잘난 체 않고
가진 자가 솔선수범하고

자유가 공기처럼 만끽 되고
피곤하고 억울한 일이 없고

공공재, 공공선, 공동체를
인지하고 함께하고 보존하고

합리가 물처럼 스며들어
다툼 없이 개선되고 진보하고

누구나 기본권을 누리고
권리 행사에 막힘이 없고

재능과 역량을 발휘하여
자아실현과 자존감이 넘쳐나고

장애도 장애가 되지 않고
모두가 행복한 나라

2019. 12. 16. 17:00

희한한 나라

펴 낸 날 2021년 2월 5일

지은이	석진(夕津)
펴낸이	이기성
편집팀장	이윤숙
기획편집	윤가영, 이지희, 서해주
표지디자인	이윤숙
책임마케팅	강보현, 김성욱
펴낸곳	도서출판 생각나눔
출판등록	제 2018-000288호
주 소	서울 마포구 잔다리로7안길 22, 태성빌딩 3층
전 화	02-325-5100
팩 스	02-325-5101
홈페이지	www.생각나눔.kr
이메일	bookmain@think-book.com

- 책값은 표지 뒷면에 표기되어 있습니다.
 ISBN 979-11-7048-196-6(03810)

Copyright ⓒ 2021 by 김석진, All rights reserved.
· 이 책은 저작권법에 따라 보호받는 저작물이므로 무단전재와 복제를 금지합니다.
· 잘못된 책은 구입하신 곳에서 바꾸어 드립니다.